中华人民共和国
两用物项出口管制条例

中国法治出版社

中华人民共和国两用物项出口管制条例
ZHONGHUA RENMIN GONGHEGUO LIANGYONG WUXIANG CHUKOU GUANZHI TIAOLI

经销/新华书店
印刷/保定市中画美凯印刷有限公司
开本/850 毫米×1168 毫米　32 开　　　　　　　印张/1.25　字数/14 千
版次/2024 年 10 月第 1 版　　　　　　　　　　2024 年 10 月第 1 次印刷

中国法治出版社出版
书号 ISBN 978-7-5216-4755-6　　　　　　　　　　　　　定价：6.00 元

北京市西城区西便门西里甲 16 号西便门办公区
邮政编码：100053　　　　　　　　　　　　传真：010-63141600
网址：http：//www.zgfzs.com　　　　　　编辑部电话：010-63141673
市场营销部电话：010-63141612　　　　　　印务部电话：010-63141606

（如有印装质量问题，请与本社印务部联系。）

目　录

中华人民共和国国务院令（第792号） ………… （1）

中华人民共和国两用物项出口管制条例 ………… （2）

司法部、商务部负责人就《中华人民共和国
　两用物项出口管制条例》答记者问 ………… （26）

中华人民共和国国务院令

第 792 号

《中华人民共和国两用物项出口管制条例》已经 2024 年 9 月 18 日国务院第 41 次常务会议通过，现予公布，自 2024 年 12 月 1 日起施行。

总理　李强

2024 年 9 月 30 日

中华人民共和国
两用物项出口管制条例

第一章 总 则

第一条 为了维护国家安全和利益，履行防扩散等国际义务，加强和规范两用物项出口管制，根据《中华人民共和国出口管制法》（以下简称出口管制法）等法律，制定本条例。

第二条 国家对两用物项的出口管制，适用本条例。

本条例所称两用物项，是指既有民事用途，又有军事用途或者有助于提升军事潜力，特别是可以用于设计、开发、生产或者使用大规模杀伤性武器及其运载工具的货物、技术和服务，包括相关的技术资料等数据。

本条例所称出口管制，是指国家对从中华人民共和国境内向境外转移两用物项，以及中华人民共和国公民、法人和非法人组织向外国组织和个人提供两用物项，包括两用物项的贸易性出口及对外赠送、展览、合作、援助和以其他方式进行的转移，采取禁止或者限制性措施。

第三条　两用物项出口管制工作坚持中国共产党的领导，坚持总体国家安全观，维护国际和平，统筹高质量发展和高水平安全，完善两用物项出口管制管理和服务，提升两用物项出口管制治理能力。

两用物项的出口及其相关活动，应当遵守法律、行政法规和国家有关规定，不得损害国家安全和利益。

第四条　国家出口管制工作协调机制负责组织、指导两用物项出口管制工作，统筹协调两用物项出口管制重大事项。国务院商务主管部门负责两用物项出口管制工作，国家其他有关部门按照职责分工负责两用物项出口管制有关工作。国务院商务主管部门和国家其他有关部门应当密切配合，加强信息共享。

省、自治区、直辖市人民政府商务主管部门可以受国务院商务主管部门的委托，开展两用物项出口管制有关工作。

第五条　国务院商务主管部门会同国家有关部门建立两用物项出口管制专家咨询机制，为两用物项出口管制工作提供咨询意见。专家应当维护国家安全和利益，客观、公正、科学、严谨地提供咨询意见，并对咨询中所知悉的国家秘密、工作秘密、商业秘密和个人隐私、个人信息等依法负有保密义务。

第六条 国务院商务主管部门拟订并发布两用物项出口管制合规指南，鼓励和引导出口经营者以及为出口经营者提供货运、第三方电子商务交易平台和金融等服务的经营者建立健全两用物项出口管制内部合规制度，依法规范经营。

第七条 国务院商务、外交主管部门会同国家其他有关部门加强两用物项出口管制国际合作，参与有关国际规则的制定。

国务院商务主管部门根据缔结或者参加的条约、协定，或者按照平等互惠原则，与其他国家和地区、国际组织等开展两用物项出口管制合作与交流。国家其他有关部门按照职责分工开展两用物项出口管制相关合作与交流。

第八条 有关商会、协会等行业自律组织应当依照法律法规和章程的规定，为其成员提供与两用物项出口管制有关的信息咨询、宣传培训等服务，加强行业自律。

第二章 管制政策

第九条 国务院商务主管部门会同国家有关部门制定、调整两用物项出口管制政策，其中重大政策应当报国务院批准，或者报国务院、中央军事委员会批准。

第十条 国务院商务主管部门会同外交、海关等国家有关部门可以结合下列因素对两用物项出口目的国家和地区进行评估，确定风险等级，采取相应的管制措施：

（一）对国家安全和利益的影响；

（二）履行防扩散等国际义务的需要；

（三）履行我国缔结或者参加的条约、协定的需要；

（四）执行联合国安全理事会作出的具有约束力的相关决议和措施等的需要；

（五）其他需要考虑的因素。

第十一条 国务院商务主管部门依据出口管制法和本条例的规定，根据两用物项出口管制政策，按照规定程序会同国家有关部门制定、调整两用物项出口管制清单，并及时公布。

制定、调整两用物项出口管制清单可以以适当方式征求有关企业、商会、协会等方面意见，必要时开展产业调查和评估。

第十二条 根据维护国家安全和利益、履行防扩散等国际义务的需要，经国务院批准，或者经国务院、中央军事委员会批准，国务院商务主管部门可以对两用物项出口管制清单以外的货物、技术和服务实施临时管制，并予以公告。临时管制的实施期限每次不超过2年。临时管制实施期限届满前应当及时进行评估，根据评估结果作出以下决定：

（一）不再需要实施管制的，取消临时管制；

（二）需要继续实施管制但不宜列入两用物项出口管制清单的，延长临时管制，延长临时管制不超过2次；

（三）需要长期实施管制的，列入两用物项出口管制清单。

第十三条 根据维护国家安全和利益、履行防扩散等国际义务的需要，经国务院批准，或者经国务院、中央军事委员会批准，国务院商务主管部门会同国家有关部门可以禁止特定两用物项的出口，或者禁止特定两用物项向特定目的国家和地区、特定组织和个人出口。

第三章 管制措施

第一节 两用物项出口许可

第十四条 国家对两用物项的出口实行许可制度。

出口两用物项出口管制清单所列两用物项或者实施临时管制的两用物项，出口经营者应当向国务院商务主管部门申请许可。

相关货物、技术和服务存在出口管制法第十二条第三款规定情形的，出口经营者应当依照出口管制法和本条例的规定向国务院商务主管部门申请许可。法律、行政法规、军事法规另有规定的，从其规定。

出口经营者应当了解拟出口货物、技术和服务的性能指标、主要用途等，确定其是否属于两用物项；无法确定的，可以向国务院商务主管部门提出咨询，国务院商务主管部门应当及时答复。出口经营者提出咨询的，应当同时提供拟出口货物、技术和服务的性能指标、主要用途以及无法确定是否属于两用物项的原因。

第十五条 出口两用物项应当依照出口管制法和

本条例的规定获得单项许可、通用许可，或者以登记填报信息方式获得出口凭证。

单项许可允许出口经营者在出口许可证件载明的范围、条件和有效期内，向单一最终用户进行一次特定两用物项出口。单项许可的有效期不超过1年，有效期内完成出口的，出口许可证件自动失效。

通用许可允许出口经营者在出口许可证件载明的范围、条件和有效期内，向单一或者多个最终用户进行多次特定两用物项出口。通用许可的有效期不超过3年。

以登记填报信息方式获得出口凭证出口的，出口经营者应当在特定两用物项每次出口前向国务院商务主管部门办理登记，按照规定如实填报相关信息获得出口凭证后，凭出口凭证自行出口。

第十六条 出口经营者申请单项许可，应当通过书面方式或者数据电文方式向国务院商务主管部门提出申请，如实填写两用物项出口申请表，并提交下列材料：

（一）申请人的法定代表人、主要经营管理人以及经办人的身份证明；

（二）与两用物项出口有关的合同、协议的副本或者其他证明文件；

（三）两用物项的技术说明或者检测报告；

（四）两用物项的最终用户和最终用途证明文件；

（五）国务院商务主管部门要求提交的其他材料。

出口经营者建立两用物项出口管制内部合规制度且运行良好，具有相关两用物项出口记录和相对固定的出口渠道及最终用户的，可以向国务院商务主管部门申请通用许可。申请通用许可，除前款规定的材料外，还应当提交下列材料：

（一）两用物项出口管制内部合规制度运行情况说明；

（二）两用物项出口许可证件申领及使用情况说明；

（三）两用物项出口渠道及最终用户有关情况说明。

第十七条 国务院商务主管部门应当自受理两用物项出口许可申请之日起，单独或者会同国家有关部门依照出口管制法和本条例的规定对出口许可申请进行审查，在45个工作日内作出准予或者不予许可的决定。准予许可的，由国务院商务主管部门颁发出口许可证件；不予许可的，应当书面告知申请人。

对国家安全和利益有重大影响的两用物项出口，国务院商务主管部门应当会同国家有关部门报国务院批准，或者报国务院、中央军事委员会批准。需要报国务院批准，或者报国务院、中央军事委员会批准的，不受前款规定出口许可审查期限的限制。

国务院商务主管部门对出口许可申请进行审查，依法需要组织鉴别、征询专家意见，或者对出口经营者、最终用户进行实地核查的，所需时间不计算在本条第一款规定的出口许可审查期限内。

第十八条 出口经营者应当按照出口许可证件载明的范围、条件和有效期出口两用物项并报告实际出口运输、运抵、安装、使用等情况。

出口许可证件有效期内，出口经营者需要改变两用物项的种类、出口目的国家和地区、最终用户、最终用途等关键要素的，应当依照本条例的规定重新申请两用物项出口许可，交回原出口许可证件，并暂时停止出口。

出口许可证件有效期内，出口经营者需要改变两用物项出口涉及的其他非关键要素的，应当向国务院商务主管部门提出变更两用物项出口许可申请，如实提交有关证明材料，暂时停止使用出口许可证件。国务院商务主管部门应当自受理变更申请之日起20个工作日内作出是否准予变更的决定，并书面告知出口经营者。准予变更的，颁发新的出口许可证件，并注销原出口许可证件；不予变更的，出口经营者应当按照原出口许可证件载明的范围、条件和有效期出口两用物项。

国务院商务主管部门发现准予两用物项出口许可所依据的出口管制法第十三条规定的因素发生重大变化的，应当通知出口经营者暂时停止使用出口许可证件。经核查，有关变化可能对国家安全和利益、履行防扩散等国际义务产生重大风险的，应当依法撤回、撤销或者要求出口经营者申请变更相关两用物项出口许可；没有前述风险的，应当及时通知出口经营者恢复使用相关出口许可证件。

第十九条 出口特定两用物项符合下列情形之一的，国务院商务主管部门允许出口经营者在每次出口前以登记填报信息方式获得出口凭证后自行出口：

（一）进境检修、试验或者检测后在合理期限内复运给原出口地的原最终用户；

（二）出境检修、试验或者检测后在合理期限内复运进境；

（三）参加在中华人民共和国境内举办的展览会，在展览会结束后立即原样复运回原出口地；

（四）参加在中华人民共和国境外举办的展览会，在展览会结束后立即原样复运进境；

（五）民用飞机零部件的出境维修、备品备件出口；

（六）国务院商务主管部门规定的其他情形。

前款规定的特定两用物项出口要素发生变化的，出口经营者应当重新登记填报信息获得新的出口凭证，或者依据本条例第十六条的规定申请单项许可或者通用许可。

出口经营者知道或者应当知道出口不再符合本条第一款规定情形，或者接到国务院商务主管部门通知的，应当立即停止出口并向国务院商务主管部门报告。

第二十条 出口经营者有下列情形之一的，不得申请通用许可或者以登记填报信息方式获得出口凭证：

（一）单位因两用物项出口管制违法行为受过刑事处罚，或者其与两用物项出口相关的直接负责的主管人员和其他直接责任人员因两用物项出口管制违法行为受过刑事处罚；

（二）5年内因两用物项出口管制违法行为受过行政处罚且情节严重；

（三）属于列入本条例第二十八条规定的管控名单内的境外组织和个人在中华人民共和国境内设立的独

资企业、代表机构、分支机构；

（四）国务院商务主管部门规定的其他情形。

已经获得通用许可或者以登记填报信息方式获得出口凭证的出口经营者出现前款规定情形的，国务院商务主管部门应当撤销其已经获得的出口许可证件；需要继续出口的，出口经营者应当依照本条例第十六条第一款的规定申请单项许可。

第二十一条　出口货物的发货人或者代理报关企业出口两用物项时，应当向海关交验由国务院商务主管部门颁发的出口许可证件，并按照国家有关规定办理出口报关手续；不能提供出口许可证件的，海关不予放行。

第二十二条　出口货物的发货人未向海关提交或者未如实交验由国务院商务主管部门颁发的出口许可证件，海关有证据表明出口货物可能属于两用物项出口管制范围的，应当向出口货物发货人提出质疑，出口货物发货人应当向海关提供出口货物合同、性能指标、主要用途等证明材料。在质疑期间，海关可以向国务院商务主管部门提出组织鉴别，并根据国务院商务主管部门作出的鉴别结论依法处置。在质疑、鉴别期间，海关对出口货物不予放行。

出口货物存在本条例第十四条第三款、第十八条第四款、第二十五条规定情形，国务院商务主管部门知悉相关情况的，应当及时通知海关；海关收到国务院商务主管部门通知时，出口货物已向海关申报出口但尚未放行的，应当不予放行并依法处置。

第二节 最终用户和最终用途管理

第二十三条 国务院商务主管部门建立两用物项最终用户和最终用途风险管理制度，对两用物项的最终用户和最终用途进行评估、核查，加强最终用户和最终用途管理。

第二十四条 出口经营者申请两用物项出口许可时应当提交最终用户出具的最终用户和最终用途证明文件。国务院商务主管部门可以要求出口经营者同时提交由最终用户所在国家和地区政府机构出具或者认证的最终用户和最终用途证明文件。

两用物项的最终用户应当按照国务院商务主管部门要求作出承诺，未经国务院商务主管部门允许，不得擅自改变两用物项的最终用途或者向任何第三方转让。

第二十五条 出口经营者、进口商发现两用物项出口存在下列情形的,应当立即停止出口,向国务院商务主管部门报告并配合核查;国务院商务主管部门依据本条例第十八条规定予以处理:

(一)两用物项最终用户、最终用途已经改变或者可能改变;

(二)两用物项最终用户和最终用途证明文件存在伪造、变造、失效等情形;

(三)以欺骗、贿赂等不正当手段获取两用物项最终用户和最终用途证明文件。

第二十六条 国务院商务主管部门依法开展两用物项最终用户和最终用途核查,有关组织和个人应当予以配合。进口商、最终用户未在规定期限内配合核查、提供有关证明材料,导致无法核实两用物项最终用户、最终用途的,国务院商务主管部门可以将有关进口商、最终用户列入关注名单。

出口经营者向列入关注名单的进口商、最终用户出口两用物项,不得申请通用许可或者以登记填报信息方式获得出口凭证;申请单项许可时,应当提交对列入关注名单的进口商、最终用户的风险评估报告,并作出遵守出口管制法律法规和相关要求的承诺。许可审查期限不受本条例第十七条第一款规定期限的限制。

本条第一款规定的进口商、最终用户配合核查，经核实不存在擅自改变最终用途、擅自向第三方转让等情形的，国务院商务主管部门可以将其移出关注名单。

第二十七条　出口经营者应当妥善保存与两用物项出口有关的最终用户和最终用途证明文件以及合同、发票、账册、单据、业务函电等相关资料，保存期限不少于5年。法律、行政法规另有规定的，从其规定。

第三节　管控名单

第二十八条　国务院商务主管部门依职权或者根据有关方面的建议、举报，可以决定将有下列情形之一的进口商、最终用户列入管控名单：

（一）违反最终用户或者最终用途管理要求；

（二）可能危害国家安全和利益；

（三）将两用物项用于恐怖主义目的。

进口商、最终用户有下列情形之一，危害国家安全和利益的，按照前款规定执行：

（一）将两用物项用于设计、开发、生产或者使用大规模杀伤性武器及其运载工具；

（二）被国家有关部门依法采取禁止或者限制有关交易、合作等措施。

依照本条例第二十六条规定列入关注名单的进口商、最终用户存在本条第一款、第二款规定情形的，国务院商务主管部门可以将其列入管控名单，同时移出关注名单。

第二十九条　国务院商务主管部门可以根据情节轻重和具体情况，对列入管控名单的进口商、最终用户采取下列一种或者几种措施：

（一）禁止有关两用物项交易；

（二）限制有关两用物项交易；

（三）责令中止有关两用物项出口；

（四）其他必要的措施。

出口经营者不得违反规定与列入管控名单的进口商、最终用户进行有关两用物项交易。特殊情况下确需进行有关交易的，出口经营者应当向国务院商务主管部门提出申请，经批准后可以与该进口商、最终用户进行相应的交易并按要求报告。

第三十条　列入管控名单的进口商、最终用户配合国务院商务主管部门调查，如实陈述有关事实，停止违法行为，主动采取措施，消除危害后果，按要求作出并履行承诺，不再有本条例第二十八条规定情形的，可以向国务院商务主管部门申请移出管控名单。国务院商务主管部门可以根据实际情况，作出将其移出管控名单的决定。

第四章　监督检查

第三十一条　国家建立健全两用物项出口管制执法协作制度，加强全过程监管，及时发现、制止和查处两用物项出口违法行为。

国务院商务主管部门依法对两用物项出口活动开展监督执法。

第三十二条　国务院商务主管部门单独或者会同国家有关部门依法对两用物项出口活动进行监督检查、对涉嫌违法行为进行调查，有关组织和个人应当予以配合，不得拒绝、阻碍。

进行监督检查、案件调查的执法人员不得少于2人，应当主动出示执法证件和相关法律文书，可以采取出口管制法第二十八条规定的措施；少于2人或者未出示执法证件和相关法律文书的，被检查、调查的组织和个人有权拒绝。

第三十三条　国务院商务主管部门依职权或者根据海关提出的组织鉴别需要，组织开展相关两用物项鉴别，可以委托有关专业机构或者相关领域专家提供鉴别意见。

第三十四条　国务院商务主管部门依职权或者根据有关方面的建议、举报，发现有关组织和个人存在两用物项出口违法风险的，可以采取监管谈话、出具警示函等措施。

第三十五条　出口经营者发现或者接到国务院商务主管部门通知，其出口活动存在本条例第十四条第三款、第十八条第四款、第二十五条规定情形的，应当及时将有关情况报告国务院商务主管部门，按要求采取措施消除或者减轻危害，并配合调查处理。

第三十六条　任何组织和个人不得为两用物项出口管制违法行为提供代理、货运、寄递、报关、第三方电子商务交易平台和金融等服务。提供代理、货运、寄递、报关、第三方电子商务交易平台和金融等服务的经营者发现涉嫌两用物项出口管制违法行为的，应当及时向国务院商务主管部门报告，国务院商务主管部门应当及时核实、处理。

第三十七条　国务院商务主管部门根据国内进口

经营者和最终用户的申请，可以向其他国家和地区政府出具最终用户和最终用途说明文件，并对相关事宜实施管理。

国内进口经营者和最终用户申请最终用户和最终用途说明文件，应当按照国务院商务主管部门要求如实提交有关材料，严格履行获得说明文件时作出的承诺，并接受国务院商务主管部门的监督检查。

第三十八条 中华人民共和国公民、法人、非法人组织接到外国政府提出的与出口管制相关的访问、现场核查等要求，应当立即向国务院商务主管部门报告。未经国务院商务主管部门同意，不得接受或者承诺接受外国政府的相关访问、现场核查等。

第五章 法律责任

第三十九条 出口经营者有下列行为之一的，依照出口管制法第三十四条的规定进行处罚：

（一）未经许可擅自出口两用物项；

（二）超出出口许可证件载明的范围、条件和有效期出口两用物项；

（三）出口禁止出口的两用物项；

（四）以改造、拆分为部件或者组件等方式规避许可出口两用物项；

（五）存在本条例第十八条规定情形，违规使用许可证件出口。

第四十条 出口经营者违反本条例规定，未履行报告义务的，给予警告，责令改正；情节严重的，没收违法所得，违法经营额50万元以上的，并处违法经营额5倍以上10倍以下罚款；没有违法经营额或者违法经营额不足50万元的，并处50万元以上300万元以下罚款。

提供代理、货运、寄递、报关、第三方电子商务交易平台和金融等服务的经营者违反本条例第三十六条规定，未履行报告义务的，给予警告，责令改正，可以处10万元以下罚款；情节严重的，并处10万元以上50万元以下罚款。

第四十一条 教唆、帮助出口经营者、进口商、最终用户规避出口管制法和本条例的规定实施违法行为的，给予警告，责令停止违法行为，没收违法所得，违法所得10万元以上的，并处违法所得3倍以上5倍以下罚款；没有违法所得或者违法所得不足10万元的，并处10万元以上50万元以下罚款。

第四十二条 国内进口经营者和最终用户违反其向国务院商务主管部门作出承诺的，给予警告，责令改正，没收违法所得，违法经营额 50 万元以上的，并处违法经营额 3 倍以上 5 倍以下罚款；没有违法经营额或者违法经营额不足 50 万元的，并处 30 万元以上 300 万元以下罚款。国务院商务主管部门可以自处罚决定生效之日起 5 年内不受理其提出的最终用户和最终用途说明文件办理申请。

第四十三条 违反本条例规定，擅自接受或者承诺接受外国政府提出的与出口管制相关的访问、现场核查等要求的，给予警告，并处 50 万元以下罚款；情节严重的，并处 50 万元以上 300 万元以下罚款；情节特别严重的，责令停业整顿。

第四十四条 提供咨询、鉴别意见的专家、专业机构违反职业道德和本条例规定的，予以通报批评、责令限期整改；情节严重的，取消其咨询、鉴别资格，并依法追究相应法律责任。

第四十五条 本条例规定的两用物项出口管制违法行为，由国务院商务主管部门进行处罚；法律、行政法规规定由海关处罚的，由其依照出口管制法和本条例进行处罚。

第四十六条　违反出口管制法和本条例规定,危害国家安全和利益的,除依照出口管制法和本条例规定处罚外,还应当依照有关法律、行政法规、部门规章的规定进行处理和处罚。

违反出口管制法和本条例规定,构成犯罪的,依法追究刑事责任。

第六章　附　　则

第四十七条　出口管制法第二条规定的其他与维护国家安全和利益、履行防扩散等国际义务相关的货物、技术、服务等物项的出口管制,适用本条例。

两用物项中监控化学品的出口管制,适用《中华人民共和国监控化学品管理条例》的规定;《中华人民共和国监控化学品管理条例》未规定的事项,由国务院工业和信息化主管部门依照出口管制法和本条例执行。

《中华人民共和国导弹及相关物项和技术出口管制条例》所附《导弹及相关物项和技术出口管制清单》第一部分所列物项和技术的出口,纳入军品出口管理清单,依照《中华人民共和国军品出口管理条例》及其他有关规定办理。

第四十八条　两用物项的过境、转运、通运、再出口或者从海关特殊监管区域和保税监管场所向境外出口，依照出口管制法和本条例的有关规定执行。具体办法由国务院商务主管部门会同海关总署制定。

在中华人民共和国境内，两用物项在海关特殊监管区域和保税监管场所之间进出，或者由海关特殊监管区域和保税监管场所外进入海关特殊监管区域和保税监管场所，无需办理出口许可证件，由海关实施监管。

第四十九条　境外组织和个人在中华人民共和国境外向特定目的国家和地区、特定组织和个人转移、提供下列货物、技术和服务，国务院商务主管部门可以要求相关经营者参照本条例有关规定执行：

（一）含有、集成或者混有原产于中华人民共和国的特定两用物项在境外制造的两用物项；

（二）使用原产于中华人民共和国的特定技术等两用物项在境外制造的两用物项；

（三）原产于中华人民共和国的特定两用物项。

第五十条　本条例自2024年12月1日起施行。《中华人民共和国核两用品及相关技术出口管制条例》、

《中华人民共和国导弹及相关物项和技术出口管制条例》、《中华人民共和国生物两用品及相关设备和技术出口管制条例》和《有关化学品及相关设备和技术出口管制办法》同时废止。

司法部、商务部负责人就《中华人民共和国两用物项出口管制条例》答记者问

2024年9月30日，国务院总理李强签署第792号国务院令，公布《中华人民共和国两用物项出口管制条例》（以下简称《条例》），自2024年12月1日起施行。日前，司法部、商务部负责人就《条例》的有关问题回答了记者提问。

问：请简要介绍一下《条例》的出台背景。

答：党中央、国务院高度重视两用物项出口管制工作。两用物项是既可用于民用目的，也可用于军事目的或者有助于提升军事潜力的货物、技术和服务。对两用货物、技术和服务等进行出口管制是国际通行做法。上世纪90年代以来，我国按照两用物项不同类别先后制定了多部行政法规、规章，对依法实施两用物项出口管制，维护国家安全和利益、履行防扩散等

国际义务发挥了积极作用。2020年，出口管制法公布施行，规定实行统一的出口管制制度，因此，当前有必要在出口管制法框架下，总结实践经验，整合现行分散的制度规定，制定一部统一的两用物项出口管制条例，进一步明确坚持党对两用物项出口管制工作的领导；更好贯彻落实总体国家安全观，统筹发展和安全，既着力提升两用物项出口管制效能，又营造可预期的贸易制度环境，实现高质量发展与高水平安全的良性互动；通过完善出口管制措施，为维护国家安全和利益提供制度支撑和法治保障。

为贯彻落实党中央、国务院决策部署，司法部会同商务部等部门研究起草了《中华人民共和国两用物项出口管制条例（草案）》，于2024年9月18日经国务院第41次常务会议审议通过，自2024年12月1日起施行。

问：制定《条例》的总体思路是什么？

答：《条例》以习近平新时代中国特色社会主义思想为指导，贯彻落实总体国家安全观，主要遵循以下思路：一是统筹发展和安全，既要实现对两用物项出口的有效管制，切实维护国家安全和利益，也要打造稳定透明可预期的制度环境，促进两用物项合规贸易，实现高质量发展与高水平安全的良性互动。二是遵循出口管制法并吸收现行行政法规、规章制度规范，构建统一高效的两用物项出口管制制度。三是统筹推进国内法治和涉外法治，立足国情健全与国际通行规则相协调的出口管制制度，既解决当前我两用物项出口管制面临的主要矛盾，又满足履行防扩散等国际义务需要。四是结合新形势新要求，根据出口管制法等法律，细化实化两用物项出口管制具体制度措施，提升监管效能。

问：《条例》制定中征求意见的情况如何？

答：在《条例》制定过程中，起草部门严格按照科学立法、民主立法、依法立法有关要求，按程序广泛听取各方面意见。在研究起草阶段，商务部通过书面征求意见、赴地方开展实地调研、走访企业、召开专家座谈会等方式，深入了解有关部门、相关企业、商会、协会、院校专家和律师的意见，并将《两用物项出口管制条例（征求意见稿）》向社会公开征求意见，对相关企业、商会、协会、外国政府和驻华机构等提出的近600条意见逐条认真研究，充分采纳合理意见。收到送审稿后，司法部先后四轮征求中央有关单位、地方人民政府、企业等100多家单位意见，组织专家论证，听取有关商会协会意见，在此基础上，对各方面提出的意见建议逐条认真研究，尽可能予以吸收采纳，反复修改完善形成草案，按照立法程序提请国务院常务会议审议后公布施行。可以说，《条例》广泛吸纳了各类意见建议，是各方面智慧的结晶。

问：两用物项出口管制工作遵循哪些基本原则和要求？

答：两用物项出口管制工作遵循的基本原则和要求，是做好两用物项出口管制工作的行动指南，十分重要。对此，《条例》在总则中作出明确规定：两用物项出口管制工作坚持中国共产党的领导，坚持总体国家安全观，维护国际和平，统筹高质量发展和高水平安全，完善两用物项出口管制管理和服务，提升两用物项出口管制治理能力。两用物项的出口及其相关活动，应当遵守法律、行政法规和国家有关规定，不得损害国家安全和利益。

问：请介绍一下《条例》关于两用物项出口管制管理体制的规定。

答：《条例》保持了现行两用物项出口管制管理体制的稳定，根据出口管制法的规定，对有关机构和部门职责予以明确：一是国家出口管制工作协调机制负责组织、指导两用物项出口管制工作，统筹协调两用物项出口管制重大事项。二是国务院商务主管部门负责两用物项出口管制工作，国家其他有关部门按照职责分工负责两用物项出口管制有关工作。三是省、自治区、直辖市人民政府商务主管部门可以受国务院商务主管部门的委托，开展两用物项出口管制有关工作。四是海关依法在口岸具体负责查验放行。

问：《条例》对两用物项出口管制清单和实施临时管制等制度措施作了哪些完善？

答：出口管制法规定，国家实行统一的出口管制制度，通过制定管制清单、名录或者目录（统称管制清单）、实施出口许可等方式进行管理。《条例》以出口管制法为基础，细化了两用物项出口管制清单制定和调整的程序，要求国务院商务主管部门及时公布清单，并在制定、调整过程中以适当方式征求有关企业、商会、协会等方面意见，必要时开展产业调查和评估。此外，《条例》还细化了实施临时管制的程序性要求，规定了实施临时管制的次数和期限，以及对实施临时管制的评估要求。目前，商务部正在制定统一的两用物项出口管制清单，将与《条例》同步实施，未来将保持动态调整，更好服务发展和安全。

问：《条例》规定了许多两用物项出口管制的措施，确实提高了管制效能，但是否会影响正常的出口贸易、科技交流与经贸合作？

答：两用物项既可用于民用用途，也可用于军事用途或者有助于提升军事潜力，被不当使用可能对国际安全构成威胁，世界主要国家和地区均以国内立法方式对这类货物、技术和服务的出口进行严格管控。

《条例》制定贯彻落实总体国家安全观，坚持统筹发展和安全，兼顾解决当前我两用物项出口管制面临的主要矛盾和履行防扩散等国际义务需要，立足国情，健全与国际通行规则相协调的出口管制制度。在建立统一高效的两用物项出口管制制度，实现对两用物项出口有效管制的同时，营造稳定透明可预期的制度环境，促进两用物项合规贸易发展。

需要强调的是，出口管制不是禁止出口。《条例》规定的两用物项出口管制措施符合国际通行规则，有利于保障贸易安全，促进两用物项正常贸易，为实现贸易强国战略保驾护航，不会对正常国际科技交流与经贸合作、全球产业链供应链安全顺畅运转设置障碍。

问：《条例》规定了哪些两用物项出口的便利化措施？

答：《条例》主要从三方面作了规定：一是在经营资格方面，取消了现行两用物项领域行政法规、规章规定的有关出口经营者登记制度。《条例》实施后，出口经营者无需事先申请两用物项出口经营者登记，可以直接申请出口许可。二是在出口管制政策的透明度和规范性方面，细化制定两用物项出口管制政策的考量因素和程序规定。三是在许可便利化措施方面，细化了通用许可制度，并对其适用的条件、程序作出规定。同时，对接国际通行规则，对于符合特定情形的出口，例如出境维修、参展等活动，出口经营者可以"以登记填报信息方式获得出口凭证"，自行报关出口。四是在政务服务方面，要求主管部门加强指导、做好服务，及时更新有关行业出口管制指南，及时答复企业关于出口物项是否属于管制物项的咨询等，增强政策透明度，提升管理效能。

问：在加强最终用户和最终用途管理方面，《条例》主要作了哪些制度规定？

答：最终用户和最终用途管理是两用物项出口管制的重要内容。《条例》加强出口活动全过程最终用户和最终用途管理，一是规定申请两用物项出口许可，必须提交两用物项最终用户和最终用途证明文件，并不得擅自改变两用物项的最终用户和最终用途；二是规定最终用户和最终用途发生变化的，出口经营者应当立即停止出口，向国务院商务主管部门报告并配合核查；三是借鉴国际经验做法，建立关注名单制度，规定对不配合最终用户和最终用途核查的当事人，可以列入关注名单，出口经营者与其交易不得享受各种许可便利措施。

问：出口管制法确立了管控名单制度，《条例》规定哪些情况可以被列入两用物项管控名单，对被列管对象可以采取哪些措施？

答：完备、有效的管制措施是做好出口管制工作的关键。《条例》在出口管制法基础上明确规定，进口商、最终用户存在违反最终用户或者最终用途管理要求、可能危害国家安全和利益或者将两用物项用于恐怖主义目的情形的，国务院商务主管部门可以决定将其列入管控名单；同时，对危害国家安全和利益的情形进行细化，补充规定：进口商、最终用户存在将两用物项用于设计、开发、生产或者使用大规模杀伤性武器及其运载工具，或者被国家有关部门依法采取禁止或者限制有关交易、合作等措施情形的，国务院商务主管部门也可以决定将其列入管控名单。对列入管控名单的当事人，《条例》规定可以采取禁止、限制与其进行相关两用物项交易等管控措施。

问：《条例》对监督检查作了哪些细化规定？

答：《条例》在出口管制法和现行有关规定的基础上，进一步完善监督检查制度。一是规定国家建立健全两用物项出口管制执法协作制度，加强全过程监管，及时发现、制止和查处两用物项出口违法行为。二是明确由国务院商务主管部门依法开展两用物项出口监督执法。三是严格执法程序，明确规定执法人员不得少于2人，应当主动出示执法证件和相关法律文书；少于2人或者未出示执法证件和相关法律文书的，被检查、调查的组织和个人有权拒绝。四是规定了监督检查、案件调查可以采取的措施以及出口经营者的报告、配合调查处理的义务。五是规定中国公民、法人、非法人组织未经同意，不得接受或者承诺接受外国政府提出的与出口管制相关的访问、现场核查。

问：《条例》对两用物项的过境、转运、通运、再出口，作了哪些规定？

答：为防止大规模杀伤性武器及其运载工具的扩

散，维护全球共同安全，各国普遍根据联合国决议和有关国际条约要求，将两用物项的过境、转运、通运、再出口纳入出口管制范围，实施适当、有效的管制。两用物项的过境、转运、通运、再出口属于出口管制的范畴，应当依照出口管制法和本条例规定进行监管，但由于其出口形式的特殊性，其申请出口许可的主体等都与一般的两用物项出口有所不同，因此《条例》规定，两用物项的过境、转运、通运、再出口，依照出口管制法和本条例的有关规定执行；具体办法由国务院商务主管部门会同海关总署制定。

问：如何推进《条例》的贯彻实施？

答：《条例》出台后，商务部将在党中央、国务院领导下全面做好两用物项出口管制工作，把《条例》的贯彻实施作为贯彻落实党的二十大和二十届二中、三中全会精神的重要举措，高度重视、精心组织，重点抓好以下方面工作：一是加强学习宣传，提高思想认识。结合学习贯彻党的二十届三中全会精神，组织地方商务主管部门和相关部门从事出口管制管理工作人员开展学习培训，指导地方商务主管部门组织开展本地区的学习培训，确保《条例》得到准确理解和严格执行。二是加强协同联动，推动有效实施。商务部将加强与外交、海关、国家安全、公安以及交通运输、金融管理、市场监管等部门以及地方商务主管部门的联动，全面做好政策制定、物项列管、许可管理、监督执法等相关工作，形成监管合力。三是完善配套制度，提升管理效能。尽快制修订两用物项出口管制配套部门规章和政策，升级完善电子政务系统，优化管理流程，确保《条例》各项规定落实落细，不断提高出口管制现代化治理能力和水平。